저절로 외워지는 신기한 속담 따라 쓰기

퍼플카우콘텐츠팀 글·이우일 그림

따라 쓰면 저절로 외워지는 신기한 속담 책!

차례

"꿩 먹고 알 먹는 따라 쓰기 책!"

어린이 여러분! 반가워요. 제 이름은 서보라입니다. 저자들을 대신하여 머리말로 인사를 하게 되었습니다. 보랏빛소 출판사가 제 이름을 지어주었고, 멋진 만화가인 이우일 선생님이 예쁜 모습의 그림으로 탄생시켜 주셨어요.

선조들의 경험과 지혜, 속담!

속담은 옛날부터 전해 내려오는 교훈, 지혜 등이 담긴 짧은 구절입니다. 수많은 선조들의 경험과 생각이 담긴 짧은 이야기이지요. 이 책에는 초등학생이 꼭 알아야 할 속담 100개가 담겨 있습니다.

속담, 억지로 공부하지 마세요!

속담을 많이 알수록 글을 쓸 때나 말을 할 때 도움이 됩니다. 하지만 외워야 한다는 부담은 갖지 마세요. 공부한다는 생각도 하지 마세요. 그냥 이 책과 함께 속담 속으로 빠져들면 됩니다.

읽기 전에 따라 쓰지 마세요!

처음부터 무작정 따라 쓰지는 마세요. 쓰기 전에 일단 읽어야 합니다. 말하기 전에 상대방의 얘기를 듣는 것과 같아요. 잘 읽어야 잘 따라 쓸 수 있다는 점을 명심하고 속담과 뜻풀이를 큰소리로 읽어보세요.

쓸 때는 정성껏 따라 쓰세요!

이 책을 다 읽고 쓰고 싶어 손이 간질간질해질 때 쓰기 시작하세요. 하지만 숙제하듯이 후다닥 쓱쓱 따라 쓰지는 마세요. 최대한 천천히 정성껏 자신이 쓸 수 있는 가장 차분하고 예쁜 글씨로 칸을 채워야 합니다.

반복이 아니라 집중이 중요!

이 책은 꿩 먹고 알 먹는 책입니다. 속담 습득은 물론 어느새 글씨체까지도 예뻐지기 때문입니다. 하지만 반복을 위한 교재가 아닙니다. 한두 번을 쓰더라도 잘 집중하고 몰입하면 효과를 거둘 수 있습니다.

따라 쓰기 이제 시작하세요!

간단히 정리해볼까요? 하나, 숙제하듯 덤비지 마세요. 둘, 연필은 내려놓고 책을 끝까지 잘 읽어보세요. 셋, 쓸 때는 정성껏 천천히 따라 쓰세요. 그리고 언제나 제가 하고 싶은 말은 이 한마디뿐입니다. "써보라!"

저자들을 대신하여, 서보라 선생님이 씀.

01 가는 날이 장날

온 가족이 맛있다고 소문난 식당에 찾아갔는데 마침 그날이 쉬는 날이면 당황스럽겠죠.
이럴 때처럼 어떤 일로 찾아간 곳에서 생각지도 못한 일에 처할 때 쓰는 말입니다.

다음 속담을 바르게 따라 써 보세요.

가	는		날	이		장	날			
가	는		날	이		장	날			

다음 빈칸에 맞춰 따라 써 보세요.

가는 날이 장날

속담 실력이 쑥쑥!

[예문] 가는 날이 장날이라고 오늘 식당이 쉬네.　[비슷한 속담] 오는 날이 장날

[영어] That's bad timing.

02 가는 말이 고와야 오는 말이 곱다

상대방에게 말이나 행동을 좋게 해야 상대방도 자기에게 좋게 대한다는 말입니다. 나는 친구에게 욕하며 말하고서는 친구가 욕을 한다고 나무라면 안 되겠죠. 말을 할 때는 항상 신중해야 한다는 뜻의 속담입니다.

다음 속담을 바르게 따라 써 보세요.

가	는		말	이		고	와	야		오	는	V
말	이		곱	다	.							
가	는		말	이		고	와	야		오	는	V
말	이		곱	다	.							

 다음 빈칸에 맞춰 따라 써 보세요.

가는 말이 고와야 오는 말이 곱다.

 속담 실력이 쑥쑥!

[비슷한 속담] 가는 정이 있어야 오는 정이 있다.

[영어] Nice words for nice words.

03 가랑비에 옷 젖는 줄 모른다

'가랑비'는 가늘게 내리는 비예요. 가늘게 내리는 비라 괜찮을 것 같아서 우산을 안 쓰면 조금씩 젖어들어 결국 옷이 젖게 됩니다. 이 속담은 아무리 사소한 일이라도 계속되면 깨닫지 못하는 사이에 큰 어려움을 겪게 된다는 사실을 알려줍니다.

다음 속담을 바르게 따라 써 보세요.

가	랑	비	에		옷		젓	는		줄	
모	른	다	.								
가	랑	비	에		옷		젓	는		줄	
모	른	다	.								

다음 빈칸에 맞춰 따라 써 보세요.

가랑비에 옷 젖는 줄 모른다.

속담 실력이 쑥쑥!

[예문] 가랑비에 옷 젖는 줄 모른다고 매일 게임을 하더니 중독됐구나.

[영어] Many drops make a flood.

04 가지 많은 나무에 바람 잘 날 없다

가지가 많고 잎이 무성한 나무는 그렇지 않은 나무보다 바람에 더 잘 흔들립니다. 이 속담에서의 가지는 자식이고, 바람은 걱정을 말하는 것으로 자식이 많은 집에는 걱정이 끊임없다는 뜻으로 쓰입니다.

다음 속담을 바르게 따라 써 보세요.

가	지		많	은		나	무	에		바	람	V
잘		날		없	다	.						
가	지		많	은		나	무	에		바	람	V
잘		날		없	다	.						

다음 빈칸에 맞춰 따라 써 보세요.

가지 많은 나무에 바람 잘 날 없다.

속담실력이 쑥쑥!

[예문] 가지 많은 나무에 바람 잘 날 없는데 자식들이 많아서 걱정이 많겠네요.

[영어] A mother with a large brood never has a peaceful day.

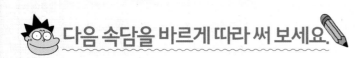

05 같은 값이면 다홍치마

값이 같으면 색깔이 곱고 예쁜 다홍치마를 고른다는 뜻입니다. 어떤 것을 선택할 때 돈이나 노력이 똑같이 들어간다면 이왕이면 모양이 좋고 보기 좋은 것을 선택하는 게 낫다는 거지요.

다음 속담을 바르게 따라 써 보세요.

같	은		값	이	면		다	홍	치	마	
같	은		값	이	면		다	홍	치	마	

다음 빈칸에 맞춰 따라 써 보세요.

같은 값이면 다홍치마

속담실력이 쑥쑥!

[예문] 같은 값이면 다홍치마라고 제일 큰 걸로 주세요.

[영어] Other things being equal, choose the battel one.

06 개구리 올챙이 적 생각 못한다

개구리가 어릴 적에는 다리가 없는 올챙이였다는 건 알지요? 개구리가 올챙이 적 생각 못하는 것처럼 형편이 어려웠던 사람이 지위가 높아지면 어려울 때 일을 잊어버리고 처음부터 잘난 듯이 뽐낸다는 뜻입니다.

다음 속담을 바르게 따라 써 보세요.

개	구	리		올	챙	이		적		생	각	V
못	한	다	.									
개	구	리		올	챙	이		적		생	각	V
못	한	다	.									

다음 빈칸에 맞춰 따라 써 보세요.

개구리 올챙이 적 생각 못한다.

속담 실력이 쑥쑥!

[비슷한 속담] 올챙이 적 생각은 못하고 개구리 된 생각만 한다.

[영어] Danger past, god forgotten. (위험이 지나가면 신이 잊혀진다.)

07 개똥도 약에 쓰려면 없다

 길에서 개똥을 본 적이 있나요? 개똥은 당연히 개 주인이 치워야겠지만 그렇지 않은 경우가 있죠. 이 속담은 개똥처럼 평소 흔하게 보이던 것도 막상 필요하면 구하기 어렵다는 뜻입니다. 실제로 개똥을 약으로 쓰진 않으니 걱정은 말아요.

다음 속담을 바르게 따라 써 보세요.

개	똥	도		약	에		쓰	려	면		없
다	.										
개	똥	도		약	에		쓰	려	면		없
다	.										

다음 빈칸에 맞춰 따라 써 보세요.

개똥도 약에 쓰려면 없다.

속담 실력이 쑥쑥!

[예문] 개똥도 약에 쓰려면 없다더니 여기 있던 지우개 못 봤어?

08 겉 다르고 속 다르다

겉으로 드러나는 행동과 마음속으로 품고 있는 생각이 서로 다를 때 쓰는 속담입니다.
마음속으로는 좋지 않게 생각하면서 겉으로는 좋다고 꾸며서 행동하면 안 되겠지요.

다음 속담을 바르게 따라 써 보세요. ✏️

겉	다	르	고		속		다	르	다	.
겉	다	르	고		속		다	르	다	.

다음 빈칸에 맞춰 따라 써 보세요.

겉 다르고 속 다르다.

속담 실력이 쑥쑥!

[예문] 그는 겉과 속이 다른 사람이다.   [비슷한 속담] 겉과 속이 다르다.

[비슷한 고사성어] 표리부동(表裏不同)

09 고래 싸움에 새우 등 터진다

고래는 엄청나게 크고 새우는 비교도 안 될 정도로 작은 동물입니다. 사람으로 치면 고래는 강한 자, 새우는 약한 자라고 할 수 있겠지요. 이 속담은 강한 자들끼리 싸우는 통에 아무 상관도 없는 약한 자가 중간에 끼어 피해를 입게 된다는 뜻입니다.

 다음 속담을 바르게 따라 써 보세요. ✏️

고	래		싸	움	에		새	우		등	
터	진	다	.								
고	래		싸	움	에		새	우		등	
터	진	다	.								

 다음 빈칸에 맞춰 따라 써 보세요. 🖋️

고래 싸움에 새우 등 터진다.

속담 실력이 쑥쑥!

[예문] 고래 싸움에 새우 등 터진다고 부부싸움에 아이들이 상처 입는다.

10 고생 끝에 낙이 온다

낙(樂)은 한자로, 살아가면서 느끼는 즐거움이라는 뜻이에요. 어려운 일이나 고된 일을 겪은 뒤에는 반드시 즐겁고 좋은 일이 생긴다는 말입니다. 지금 당장은 힘들더라도 포기하면 안 되겠지요.

다음 속담을 바르게 따라 써 보세요. ✏️

고	생		끝	에		낙	이		온	다	.
고	생		끝	에		낙	이		온	다	.

다음 빈칸에 맞춰 따라 써 보세요.

고생 끝에 낙이 온다.

속담 실력이 쑥쑥!

[비슷한 속담] 태산을 넘으면 평지를 본다.

[영어] April Showers bring May flowers. (4월의 소나기가 5월에 꽃이 피게 한다.)

11 고양이 목에 방울 달기

고양이가 언제 나타날지 몰라 두려워하던 쥐들이 고양이 목에 방울을 달기로 했는데 정작 고양이 목에 방울을 달겠다는 쥐가 없었답니다. 방울을 달러 갔다가 고양이 먹이가 될지도 모르니까요. 이처럼 그럴 듯한 일이지만 막상 하기 어려운 일에 대해 하는 말이지요.

다음 속담을 바르게 따라 써 보세요.

고	양	이		목	에		방	울		달	기
고	양	이		목	에		방	울		달	기

다음 빈칸에 맞춰 따라 써 보세요.

고양이 목에 방울 달기

속담 실력이 쏙쏙!

[예문] 누가 고양이 목에 방울 달기를 할 수 있겠어?

12 공든 탑이 무너지랴

'공들다'는 어떤 일에 정성을 쏟는 걸 말해요. 공들여 탑을 쌓으면 대충 탑을 쌓을 때와 달리 튼튼하고 무너지지 않겠지요. 무슨 일이든 정성을 다해 하면 반드시 좋은 결과를 얻는다고 할 때 사용하는 속담입니다.

다음 속담을 바르게 따라 써 보세요.

공	든		탑	이		무	너	지	랴	.	
공	든		탑	이		무	너	지	랴	.	

다음 빈칸에 맞춰 따라 써 보세요.

공든 탑이 무너지랴.

속담 실력이 쑥쑥!

[영어] Hard work is never wasted.

13 구렁이 담 넘어가듯

구렁이는 뱀의 한 종류이며, 한국에 사는 뱀 중에서 가장 큰 뱀이랍니다. 구렁이가 소리 없이 스르륵 움직이기 때문에 일을 할 때 남이 눈치채지 못하게 슬그머니 해치우는 걸 '구렁이 담 넘어가듯' 한다고 말합니다.

다음 속담을 바르게 따라 써 보세요.

구	렁	이		담		넘	어	가	듯		
구	렁	이		담		넘	어	가	듯		

다음 빈칸에 맞춰 따라 써 보세요.

구렁이 담 넘어가듯

[예문] 구렁이 담 넘어가듯 빠져나간다.

14 구슬이 서 말이라도 꿰어야 보배다

'말'은 곡식 따위를 잴 때 쓰는 그릇이고, '서'는 셋이니까 '구슬이 서 말'이라면 구슬이 많이 있다는 거예요. 옛날에는 구슬이 귀한 물건이었으니 이 속담은 아무리 좋은 것이 있더라도 다듬고 정리하여 쓸모 있게 만들지 않는다면 값어치가 없다는 뜻이에요.

다음 속담을 바르게 따라 써 보세요.

구	슬	이		서		말	이	라	도		꿰
어	야		보	배	다	.					
구	슬	이		서		말	이	라	도		꿰
어	야		보	배	다	.					

다음 빈칸에 맞춰 따라 써 보세요.

구슬이 서 말이라도 꿰어야 보배다.

속담 실력이 쑥쑥!

[비슷한 속담] 진주가 열 그릇이나 꿰어야 구슬

19

15 그림의 떡이다

아무리 맛있는 떡이라도 그림 속에 있다면 소용이 없겠지요. 이 속담은 아무리 마음에 들어도 이용할 수 없거나 차지할 수 없는 경우를 이르는 말입니다.

 다음 속담을 바르게 따라 써 보세요.

그	림	의		떡	이	다	.				
그	림	의		떡	이	다	.				

 다음 빈칸에 맞춰 따라 써 보세요.

그림의 떡이다.

속담 실력이 쑥쑥!

[영어] Pie in the sky. (하늘의 파이)

16 금강산도 식후경

금강산은 경치가 좋기로 유명한 산입니다. 아무리 재미있는 일이라도 밥을 먹고 난 후에 해야지 배가 고플 때는 그 재미를 알 수 없다는 뜻입니다.

다음 속담을 바르게 따라 써 보세요.

금	강	산	도		식	후	경			
금	강	산	도		식	후	경			

다음 빈칸에 맞춰 따라 써 보세요.

금강산도 식후경

속담실력이 쑥쑥!

[영어] Pudding rather than praise. (칭찬보다 푸딩이 낫다.)

까마귀 날자 배 떨어진다

 아무런 관계도 없이 한 일이 우연히 동시에 일어나, 마치 다른 일과 관계된 것처럼 다른 사람의 의심을 받게 된다는 속담입니다.

 다음 속담을 바르게 따라 써 보세요.

까	마	귀		날	자		배		떨	어	진
다	.										
까	마	귀		날	자		배		떨	어	진
다	.										

 다음 빈칸에 맞춰 따라 써 보세요.

까마귀 날자 배 떨어진다.

 속담 실력이 쑥쑥!

[비슷한 고사성어] **오비이락(烏飛梨落)**

18 꼬리가 길면 밟힌다

나쁜 일을 한두 번 할 때는 다른 사람에게 들키지 않을 수 있지만 여러 번 계속하면 결국에는 들키고 만다는 뜻입니다.

다음 속담을 바르게 따라 써 보세요.

꼬	리	가		길	면		밟	힌	다	.	
꼬	리	가		길	면		밟	힌	다	.	

다음 빈칸에 맞춰 따라 써 보세요.

꼬리가 길면 밟힌다.

속담 실력이 쑥쑥!

[비슷한 속담] 고삐가 길면 밟힌다.

[영어] An evil deed will be discovered. (나쁜 행동은 발견된다.)

19 꿩 먹고 알 먹는다

꿩을 잡아서 먹으려는데 그 안에 알이 들어 있으면 알도 먹게 되겠지요. 한 가지 일을 하여 두 가지 이상의 이익을 보게 되었을 때 쓰는 속담입니다.

 다음 속담을 바르게 따라 써 보세요. ✏️

꿩		먹	고		알		먹	는	다	.	
꿩		먹	고		알		먹	는	다	.	

 다음 빈칸에 맞춰 따라 써 보세요.

꿩 먹고 알 먹는다.

속담 실력이 쑥쑥!

[영어] To kill two birds with one stone. (하나의 돌맹이로 두 마리의 새를 잡는다.)

20 남의 손의 떡은 커 보인다

자기가 가지고 있는 것보다 남의 것이 더 많아 보이거나 좋아 보일 때 쓰는 말입니다.
남의 것을 부러워하기보다는 내가 가진 것에 만족할 줄 알아야 한다는 뜻이죠.

다음 속담을 바르게 따라 써 보세요.

남	의		손	의		떡	은		커		보
인	다	.									
남	의		손	의		떡	은		커		보
인	다	.									

다음 빈칸에 맞춰 따라 써 보세요.

남의 손의 떡은 커 보인다.

속담 실력이 쑥쑥!

[영어] The grass is greener on the other side of the fence.

(울타리 저 편 잔디가 더 푸르다.)

21 남의 잔치에 감 놓아라 배 놓아라 한다

자기와 전혀 상관이 없는 일인데도 공연히 간섭하고 참견한다는 뜻이에요. 남의 일에 이래라저래라 간섭하면 안 되겠지요.

 다음 속담을 바르게 따라 써 보세요.

남	의		잔	치	에		감		놓	아	라	V
배		놓	아	라		한	다	.				
남	의		잔	치	에		감		놓	아	라	V
배		놓	아	라		한	다	.				

 다음 빈칸에 맞춰 따라 써 보세요.

남의 잔치에 감 놓아라 배 놓아라 한다.

속담 실력이 쑥쑥!

[비슷한 속담] 사돈집 잔치에 감 놓아라 배 놓아라 한다.

22 낫 놓고 기역자도 모른다

낫은 벼나 풀을 벨 때 쓰는 기역자 모양의 농기구입니다. '낫 놓고 기역자도 모른다'는 건 기역자 모양의 낫이 앞에 있는데도 기역이 뭔지 모른다는 뜻이니 무식하거나 세상 물정에 어두운 사람을 이르는 말이랍니다.

다음 속담을 바르게 따라 써 보세요.

낫		놓	고		기	역	자	도		모	른
다	.										
낫		놓	고		기	역	자	도		모	른
다	.										

다음 빈칸에 맞춰 따라 써 보세요.

낫 놓고 기역자도 모른다.

속담 실력이 쑥쑥!

[예문] 낫 놓고 기역자도 모르는 일자무식입니다.

23 낮말은 새가 듣고 밤말은 쥐가 듣는다

낮에 하는 말은 낮 동안 활동하는 새가 듣고, 밤에 하는 말은 밤에 활동하는 쥐가 듣는다는 말이에요. 비록 아무도 없는 곳이라도 언제나 말조심을 해야 한다는 뜻이죠.

 다음 속담을 바르게 따라 써 보세요.

낮	말	은		새	가		듣	고		밤	말
은		쥐	가		듣	는	다	.			
낮	말	은		새	가		듣	고		밤	말
은		쥐	가		듣	는	다	.			

 다음 빈칸에 맞춰 따라 써 보세요.

낮말은 새가 듣고 밤말은 쥐가 듣는다.

속담 실력이 쑥쑥!

[예문] 낮말은 새가 듣고 밤말은 쥐가 듣는다고 하니 말 조심하거라.

[영어] Walls have ears.

24 누워서 떡 먹기

누운 자세는 앉거나 서 있는 것보다 훨씬 편하겠지요. 편한 자세로 떡을 먹는다는 이 속담은 하기가 아주 쉬운 일을 이르는 말입니다.

다음 속담을 바르게 따라 써 보세요.

누	워	서		떡		먹	기				
누	워	서		떡		먹	기				

다음 빈칸에 맞춰 따라 써 보세요.

누워서 떡 먹기

29

1. 다음 빈칸에 들어갈 알맞은 말을 쓰세요.

1) 낮말은 □가 듣고 밤말은 □가 듣는다.

2) 구슬이 서 말이라도 꿰어야 □□다.

3) 남의 잔치에 □ 놓아라 □ 놓아라 한다.

4) □□□ 날자 배 떨어진다.

5) 개구리 □□□적 생각 못한다.

6) 공든 □이 무너지랴.

7) 누워서 □ 먹기

8) □□ 싸움에 □□ 등 터진다.

2. 다음 글을 읽고 어떤 속담인지 맞춰 보세요.

오랜 세월 고양이에게 괴롭힘을 당해오던 쥐들이 어느 날 대책회의에 들어 갔습니다. 자신들을 괴롭히는 고양이의 목에 방울을 달아 고양이의 접근을 미리 알아 차리도록 하자는 것이었죠. 그러나 고양이의 목에 방울을 달겠다 고 선뜻 나서는 쥐가 없었어요. 그래서 쥐들은 아직도 밤마다 고양이 목에 방울을 달기 위한 회의만 계속하고 있다고 합니다.

정답

2. 고양이 목에 방울 달기

1. 1) 새, 쥐 2) 보배 3) 콩대, 팥대 4) 까마귀 5) 올챙이 6) 탑 7) 떡 8) 고래, 새우

꼬리가 길면 밟힌다

백기남 선생님 "오늘 교실 청소는 눈팅이가 하도록 해라!"

눈팅이 "예? 저는 어제 청소했는데요?"

명필이 "맞아요. 눈팅이는 어제 했고, 오늘은 제 차례예요."

백기남 선생님 "응. 아는데 교실 바닥에 흙이 너무 많아서."

눈팅이 "흙이 많은데 왜 제가 청소해요?"

백기남 선생님 "네 책상 밑을 보면 흙이 많잖아. 실내화도 흙투성이고. 그건 네가 쉬는 시간마다 신발도 갈아신지 않고 운동장에서 뛰어놀다 왔다는 증거야."

눈팅이 "헉! 들켰다. 실내화 갈아신기 귀찮아서 그랬어요."

백기남 선생님 "꼬리가 길면 밟히는 법이지. 나가서 뛰어노는 건 좋지만 실내화 신고 나가면 교실 바닥이 이렇게 엉망이 되잖니."

명필이 "꼬리가 길면 밟힌다. 공책에 따라 써야지."

눈팅이 "난 오늘 일기에 써야지."

25 다람쥐 쳇바퀴 돌 듯

다람쥐가 우리 안에서 쳇바퀴 돌리는 모습을 본 적이 있나요? 다람쥐는 열심히 움직이는데 우리 눈에는 제자리에 있는 것으로 보입니다. 앞으로 나아가거나 발전하지 못하고 제자리걸음만 하는 경우에 쓰이는 속담입니다.

 다음 속담을 바르게 따라 써 보세요.

다	람	쥐		쳇	바	퀴		돌		듯	
다	람	쥐		쳇	바	퀴		돌		듯	

 다음 빈칸에 맞춰 따라 써 보세요.

다람쥐 쳇바퀴 돌 듯

속담 실력이 쑥쑥!

[예문] 학교 갔다 학원 갔다 다람쥐 쳇바퀴 돌 듯 매일매일이 똑같아.

[영어] I run the rat race.

26 달면 삼키고 쓰면 뱉는다

옳고 그름을 따지지 않고 자기가 마음에 들면 취하고 마음에 들지 않으면 버린다는 뜻입니다. 달면 삼키고 쓰면 뱉는 사람은 변덕스럽고 믿음직스럽지 않으니 조심하세요.

다음 속담을 바르게 따라 써 보세요.

달	면		삼	키	고		쓰	면		뱉	는
다	.										
달	면		삼	키	고		쓰	면		뱉	는
다	.										

다음 빈칸에 맞춰 따라 써 보세요.

달면 삼키고 쓰면 뱉는다.

속담 실력이 쑥쑥!

[비슷한 고사성어] **감탄고토(甘呑苦吐)**

27 닭 잡아먹고 오리발 내민다

닭을 먹었으면서 오리발을 내밀며 닭을 먹지 않았다고 말한다는 겁니다. 자기가 저지른 나쁜 일이 드러나게 되자 서툰 수단으로 남을 속이려고 할 때 쓰는 말입니다.

 다음 속담을 바르게 따라 써 보세요.

닭		잡	아	먹	고		오	리	발		내
민	다	.									
닭		잡	아	먹	고		오	리	발		내
민	다	.									

 다음 빈칸에 맞춰 따라 써 보세요.

닭 잡아먹고 오리발 내민다.

속담 실력이 쑥쑥!

[예문] 닭 잡아먹고 오리발을 내밀어도 유분수지.

28 닭 쫓던 개 지붕 쳐다보듯 한다

개에게 쫓기던 닭이 지붕으로 올라가자 개가 올라가지 못하고 지붕만 쳐다본다는 뜻입니다. 열심히 하던 일이 실패해 남보다 뒤떨어져도 어찌할 도리가 없음을 이르는 말입니다.

다음 속담을 바르게 따라 써 보세요.

닭	쫓던		개	지붕	쳐다
보듯		한다	.		
닭	쫓던		개	지붕	쳐다
보듯		한다	.		

다음 빈칸에 맞춰 따라 써 보세요.

닭 쫓던 개 지붕 쳐다보듯 한다.

속담 실력이 쑥쑥!

[비슷한 속담] 닭 쫓던 개 울타리 넘겨다보듯 한다.

29 도둑이 제 발 저리다

도둑이 자신의 정체를 들킬까 봐 긴장해서 발이 저리다는 겁니다. 지은 죄가 있으면 자연히 마음이 조마조마해진다는 뜻입니다.

 다음 속담을 바르게 따라 써 보세요.

도	둑	이		제		발		저	리	다	.
도	둑	이		제		발		저	리	다	.

 다음 빈칸에 맞춰 따라 써 보세요.

도둑이 제 발 저리다.

속담 실력이 쑥쑥!

[영어] A guilty conscience needs no accuser.

30 도토리 키 재기

도토리는 참나무 종류에서 나는 열매로 다른 나무열매에 비해 작아서 작은 물건이나 사람을 비유할 때 사용합니다. 정도가 고만고만한 사람끼리 서로 다툼을 이르는 말입니다.

다음 속담을 바르게 따라 써 보세요.

도	토	리		키		재	기				
도	토	리		키		재	기				

다음 빈칸에 맞춰 따라 써 보세요.

도토리 키 재기

속담 실력이 쑥쑥!

[예문] 그들의 실력은 도토리 키 재기다.

[비슷한 속담] 난쟁이끼리 키 자랑하기

31 돌다리도 두들겨 보고 건너라

아무리 튼튼한 돌다리라도 안전한지 확인해 보라는 뜻으로, 잘 아는 일이라도 세심하게 주의를 기울이라는 말입니다.

다음 속담을 바르게 따라 써 보세요.

돌	다	리	도		두	들	겨		보	고	
건	너	라	.								
돌	다	리	도		두	들	겨		보	고	
건	너	라	.								

다음 빈칸에 맞춰 따라 써 보세요.

돌다리도 두들겨 보고 건너라.

속담 실력이 쑥쑥!

[영어] Look before you leap.

32 동에 번쩍 서에 번쩍

 동쪽에 나타났다 서쪽에 나타났다 한다는 것이니 상대방이 놀랄 만큼 빠르게 왔다 갔다 함을 이르는 말입니다.

다음 속담을 바르게 따라 써 보세요. ✏️

동	에		번	쩍		서	에		번	쩍	
동	에		번	쩍		서	에		번	쩍	

다음 빈칸에 맞춰 따라 써 보세요.

동에 번쩍 서에 번쩍

33 되로 주고 말로 받는다

장난으로 친구를 한 대 때렸다가 화가 난 친구에게 더 세게 맞은 적이 있을 거예요. 이런 경우 되로 주고 말로 받는다고 해요. 조금 주고 그 대가로 몇 곱절이나 많이 받는 경우를 이르는 거죠.

다음 속담을 바르게 따라 써 보세요. ✏️

되	로		주	고		말	로		받	는	다	.
되	로		주	고		말	로		받	는	다	.

다음 빈칸에 맞춰 따라 써 보세요.

되로 주고 말로 받는다.

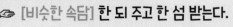

34 두 손뼉이 맞아야 소리가 난다

한 손뼉만 있어서는 박수를 칠 수 없겠지요.
무슨 일을 하든 두 편에서 서로 뜻이 맞아야 이루어질 수 있다는 말입니다.

다음 속담을 바르게 따라 써 보세요. ✏️

두		손	뼉	이		맞	아	야		소	리
가		난	다	.							
두		손	뼉	이		맞	아	야		소	리
가		난	다	.							

다음 빈칸에 맞춰 따라 써 보세요.

두 손뼉이 맞아야 소리가 난다.

속담 실력이 쏙쏙!

[비슷한 속담] 도둑질을 해도 손발이 맞아야 한다.

[영어] It takes two to make a quarrel.

35 등잔 밑이 어둡다

등잔은 기름을 담아 등불을 켜는 데 쓰는 그릇입니다. 등불 아래가 어둡다는 뜻으로 실제로 그렇지 않지만, 가까운 곳에 있는 것을 정작 알지 못하는 상황을 이르는 말입니다.

 다음 속담을 바르게 따라 써 보세요.

등	잔		밑	이		어	둡	다	.		
등	잔		밑	이		어	둡	다	.		

 다음 빈칸에 맞춰 따라 써 보세요.

등잔 밑이 어둡다.

속담 실력이 쑥쑥!

[영어] The darkest place is under the candlestick.

36 땅 짚고 헤엄치기

물속에서 헤엄치는 게 아니라 땅을 짚고 헤엄치는 것이니 당연히 아주 하기 쉬운 일을 말하는 것이겠죠. 또 의심할 여지없이 쉽고 확실한 일도 땅 짚고 헤엄친다고 합니다.

 다음 속담을 바르게 따라 써 보세요.

땅	짚	고		헤	엄	치	기			
땅	짚	고		헤	엄	치	기			

 다음 빈칸에 맞춰 따라 써 보세요.

땅 짚고 헤엄치기

속담 실력이 쑥쑥!

[영어] That's a very easy job.

37 떡 본 김에 제사 지낸다

 필요한 것이 있을 때 하고자 하는 일을 해버린다는 뜻입니다. 떡은 제사 음식 중에서 가장 귀한 것이라 이런 속담이 생겼답니다.

다음 속담을 바르게 따라 써 보세요.

떡		본	김	에		제	사		지	낸
다	.									
떡		본		김	에		제	사		지	낸
다	.									

다음 빈칸에 맞춰 따라 써 보세요.

떡 본 김에 제사 지낸다.

38 뛰는 놈 위에 나는 놈 있다

아무리 재주가 뛰어나다 하더라도 그보다 뛰어난 사람이 있으니 너무 자만하지 말라는 뜻으로, 스스로 뽐내는 사람을 경계하여 이르는 말입니다.

다음 속담을 바르게 따라 써 보세요.

뛰	는		놈		위	에		나	는		놈	V
있	다	.										
뛰	는		놈		위	에		나	는		놈	V
있	다	.										

다음 빈칸에 맞춰 따라 써 보세요.

뛰는 놈 위에 나는 놈 있다.

속담 실력이 쑥쑥!

[영어] There may be blue and better blue.

39 마른하늘에 날벼락이다

벼락이란 비가 오거나 대기가 불안정할 때 일어나는 자연 현상입니다. 맑게 갠 날 벼락이 친다는 것이니, 예기치 않은 상황에 뜻밖의 재난을 입는 상황을 이르는 말입니다.

 다음 속담을 바르게 따라 써 보세요. ✏️

마	른	하	늘	에		날	벼	락	이	다	.
마	른	하	늘	에		날	벼	락	이	다	.

 다음 빈칸에 맞춰 따라 써 보세요. 🖊️

마른하늘에 날벼락이다.

속담 실력이 쑥쑥!

[영어] The unexpected always happens.

40 말 한마디에 천 냥 빚도 갚는다

말만 잘하면 어려운 일이나 불가능해 보이는 일도 해결할 수 있다는 말입니다.

다음 속담을 바르게 따라 써 보세요.

말		한	마	디	에		천		냥		빚
도		갚	는	다	.						
말		한	마	디	에		천		냥		빚
도		갚	는	다	.						

다음 빈칸에 맞춰 따라 써 보세요.

말 한마디에 천 냥 빚도 갚는다.

속담 실력이 쑥쑥!

[비슷한 속담] 천 냥 빚도 말로 갚는다.

[영어] A good tongue is a good weapon.

41 메뚜기도 유월이 한철이다

메뚜기가 부화해 한창 논두렁을 날뛸 때가 유월(6월)이라고 합니다. 메뚜기가 한여름이 지나면 사라지듯 누구나 한창 활동할 시기는 잠깐이므로 때를 헛되이 보내지 말아야 한다는 의미의 속담입니다.

다음 속담을 바르게 따라 써 보세요.

메	뚜	기	도		유	월	이		한	철	이
다	.										
메	뚜	기	도		유	월	이		한	철	이
다	.										

다음 빈칸에 맞춰 따라 써 보세요.

메뚜기도 유월이 한철이다.

속담 실력이 쑥쑥!

[비슷한 속담] 뻐꾸기도 유월이 한철이다.

42 무쇠도 갈면 바늘 된다

단단한 무쇠를 가는 바늘이 될 때까지 만들려면 힘들기도 하고 시간도 오래 걸리겠지요. 꾸준히 노력하면 어떤 어려운 일이라도 이룰 수 있다는 뜻의 속담입니다.

다음 속담을 바르게 따라 써 보세요.

무	쇠	도		갈	면		바	늘		된	다	.
무	쇠	도		갈	면		바	늘		된	다	.

다음 빈칸에 맞춰 따라 써 보세요.

무쇠도 갈면 바늘 된다.

속담 실력이 쏙쏙!

[영어] Constant dripping wears away the stone.

43 물에 빠져도 정신을 차려야 산다

아무리 어려운 경우에 처하여 있더라도 정신을 차리고 용기를 내면 살 도리가 있음을 이르는 말입니다.

다음 속담을 바르게 따라 써 보세요.

물	에		빠	져	도		정	신	을		차
려	야		산	다	.						
물	에		빠	져	도		정	신	을		차
려	야		산	다	.						

다음 빈칸에 맞춰 따라 써 보세요.

물에 빠져도 정신을 차려야 산다.

속담 실력이 쑥쑥!

[예문] 물에 빠져도 정신을 차리면 산다니 용기를 잃지 마라.

44 미꾸라지 한 마리가 온 웅덩이를 흐려 놓는다

한 마리의 미꾸라지가 흙탕물을 일으켜 웅덩이의 물을 온통 흐린다는 뜻입니다. 한 사람이 좋지 않은 행동을 하여 집단 전체에 나쁜 영향을 미칠 때 쓰는 속담입니다.

다음 속담을 바르게 따라 써 보세요.

미	꾸	라	지		한		마	리	가		온	V
웅	덩	이	를		흐	려		놓	는	다	.	
미	꾸	라	지		한		마	리	가		온	V
웅	덩	이	를		흐	려		놓	는	다	.	

다음 빈칸에 맞춰 따라 써 보세요.

미꾸라지 한 마리가 온 웅덩이를 흐려 놓는다.

속담 실력이 쑥쑥!

[비슷한 속담] 미꾸라지 한 마리가 한강 물을 다 흐리게 한다.

[영어] One rotten apple spoils the barrel. (썩은 사과 하나가 한 통의 사과를 망친다.)

45 믿는 도끼에 발등 찍힌다

늘 익숙하게 사용하던 도끼에도 다칠 수 있다는 뜻으로, 믿고 있던 사람이 배신하여 오히려 해를 입힘을 이르는 말입니다.

다음 속담을 바르게 따라 써 보세요.

믿	는		도	끼	에		발	등		찍	힌
다	.										
믿	는		도	끼	에		발	등		찍	힌
다	.										

다음 빈칸에 맞춰 따라 써 보세요.

믿는 도끼에 발등 찍힌다.

속담 실력이 쑥쑥!

[영어] Trust is the mother of deceit.

46 밑 빠진 독에 물 붓기

독은 항아리를 말하는데 항아리가 밑(바닥)이 없으면 아무리 물을 부어도 채워지지 않겠지요. 아무리 애써 하더라도 아무 보람이 없는 경우, 혹은 아무리 벌어도 쓸 곳이 많아 항상 모자라는 경우를 빗대어 하는 말입니다.

다음 속담을 바르게 따라 써 보세요.

밑		빠	진		독	에		물		붓	기
밑		빠	진		독	에		물		붓	기

다음 빈칸에 맞춰 따라 써 보세요.

밑 빠진 독에 물 붓기

1. 다음 빈칸에 들어갈 알맞은 말을 쓰세요.

1) ☐로 주고 ☐로 받는다.

2) 땅 짚고 ☐☐치기

3) 믿는 ☐☐에 발등 찍힌다.

4) ☐☐☐도 유월이 한철이다.

5) 무쇠도 갈면 ☐☐된다.

6) ☐☐☐☐한 마리가 온 웅덩이를 흐려 놓는다.

7) 닭 잡아먹고 ☐☐☐ 내민다.

8) ☐ 쫓던 ☐ 지붕 쳐다보듯 한다.

2. 다음 글을 읽고 어떤 속담인지 맞춰 보세요.

옛날 어느 마을에 조심성이 많은 할아버지가 살았답니다. 마을에 새로 돌다리가 생겼는데 할아버지는 다리를 건널 때마다 지팡이로 두들겨 보고 건너 동네 사람들의 웃음을 샀어요. 그러던 어느 날 갑자기 큰 비가 내려 다리가 무너졌어요. 알고 보니 엉터리로 지어진 다리였답니다. 튼튼해 보이는 돌다리도 무너질 수 있으니 조심하는 게 좋겠지요.

정답

2. 돌다리도 두들겨 보고 건너라.

1. 1) 되, 말 2) 헤엄 3) 도끼 4) 메뚜기 5) 바늘 6) 미꾸라지 7) 오리발 8) 닭, 개

뛰는 놈 위에 나는 놈 있다

서보라 선생님 "여러분은 따라 쓰기를 어떻게 하고 있나요?"

명필이 "전 책을 읽고 하루에 한 쪽씩 따라 써요!"

서보라 선생님 "참 잘했어요. 다른 어린이는요?"

안써니 "저는 하루에 세 쪽씩 따라 써요! 다섯 쪽을 쓸 때도 있어요."

서보라 선생님 "너 정말 안써니 맞니? 앞으론 별명을 잘써니로 해야겠다. 참 잘했어요."

눈팅이 "선생님, 저는 매일 다섯 쪽씩 따라 쓰고, 독서록도 쓰는데요."

서보라 선생님 "대단하구나! 뛰는 놈 위에 나는 놈 있다더니 다들 따라 쓰기를 실천하고 있었네. 눈팅이는 앞으로도 꾸준히 노력하자."

명필이 "선생님, 저는 눈팅이보다 많이는 못 써도 글씨는 훨씬 더 잘 쓰는데요."

서보라 선생님 "그래 명필아, 많이 쓰는 것만큼 예쁘고 바르게 쓰는 것도 중요하지. 모두들 참 잘했어요."

47 바늘 가는 데 실 간다

바늘과 실은 바느질을 하는 도구입니다. 둘 중 하나만 있어서는 바느질을 할 수가 없죠. 바늘과 실이 붙어 다니듯 서로 밀접한 관계가 있는 사람끼리는 떨어지지 않고 항상 따른다는 뜻입니다.

다음 속담을 바르게 따라 써 보세요.

바	늘	가	는	데	실	간	다	.
바	늘	가	는	데	실	간	다	.

다음 빈칸에 맞춰 따라 써 보세요.

바늘 가는 데 실 간다.

속담 실력이 쑥쑥!

[비슷한 속담] 바늘 가는 데 실 가고 바람 가는 데 구름 간다.

48 바늘 도둑이 소도둑 된다

바늘은 싼 물건이지만 아무리 싼 거라도 반복해서 훔친다면 결국에는 소를 훔치는 도둑이 될 수도 있습니다. 작은 나쁜 짓도 반복해서 하다 보면 큰 죄를 저지르게 된다는 뜻입니다.

다음 속담을 바르게 따라 써 보세요.

바	늘		도	둑	이		소	도	둑		된
다	.										
바	늘		도	둑	이		소	도	둑		된
다	.										

다음 빈칸에 맞춰 따라 써 보세요.

바늘 도둑이 소도둑 된다.

속담 실력이 쑥쑥!

[비슷한 속담] 바늘 쌈지에서 도둑이 난다.

[영어] He that will steal a pin will steal an ox.

49 바늘로 찔러도 피 한 방울 안 난다

바늘로 찔러도 피 한 방울 안 나올 만큼 성격이 빈틈없고 융통성 없는 사람을 이르는 말입니다. 지독한 구두쇠를 말하기도 합니다.

 다음 속담을 바르게 따라 써 보세요.

바	늘	로		찔	러	도		피		한	
방	울		안		난	다	.				
바	늘	로		찔	러	도		피		한	
방	울		안		난	다	.				

 다음 빈칸에 맞춰 따라 써 보세요.

바늘로 찔러도 피 한 방울 안 난다.

속담 실력이 쑥쑥!

[예문] 바늘로 찔러도 피 한 방울 나오지 않을 사람이다.

50 바람 앞의 등불

바람 부는 곳에 등불을 피워 놓으면 언제 꺼질지 모르겠지요. 이 속담은 바람 앞의 등불처럼 곧 꺼질, 즉 매우 위태로운 처지에 놓여 있음을 이르는 말입니다.

다음 속담을 바르게 따라 써 보세요.

바	람	앞	의	등	불			
바	람	앞	의	등	불			

다음 빈칸에 맞춰 따라 써 보세요.

바람 앞의 등불

속담 실력이 쑥쑥!

[비슷한 고사성어] 풍전등화 (風前燈火)

51 방귀 뀐 놈이 성낸다

자기가 방귀를 뀌고 남에게 화를 낸다는 뜻으로, 잘못을 저지른 쪽에서 오히려 남에게
화를 내는 상황을 두고 하는 말입니다.

다음 속담을 바르게 따라 써 보세요.

방	귀		뀐		놈	이		성	낸	다	.
방	귀		뀐		놈	이		성	낸	다	.

다음 빈칸에 맞춰 따라 써 보세요.

방귀 뀐 놈이 성낸다.

속담 실력이 쑥쑥!

[비슷한 속담] 똥 싸고 성낸다.

[영어] You get angry at others for your own mistakes.

52 배보다 배꼽이 더 크다

 배보다 배꼽이 더 클 수는 없겠지요. 마땅히 커야 할 것이 작고 작아야 할 것이 오히려 크다는 말입니다. 비슷한 말로 '고추장이 밥보다 많다'가 있어요.

다음 속담을 바르게 따라 써 보세요.

배	보	다		배	꼽	이		더		크	다	.
배	보	다		배	꼽	이		더		크	다	.

다음 빈칸에 맞춰 따라 써 보세요.

배보다 배꼽이 더 크다.

 속담 실력이 쏙쏙!

[예문] 차 값보다 수리비가 더 들다니 배보다 배꼽이 더 큰 셈이다.

[영어] It is the tail wagging the dog.

53 백지장도 맞들면 낫다

백지장은 흰 종이 한 장이니 무척 가볍겠지요. 이 속담은 아무리 쉬운 일이라도 함께 협력하면 훨씬 쉬워진다는 말입니다.

 다음 속담을 바르게 따라 써 보세요.

백	지	장	도		맞	들	면		낫	다	.
백	지	장	도		맞	들	면		낫	다	.

 다음 빈칸에 맞춰 따라 써 보세요.

백지장도 맞들면 낫다.

속담 실력이 쑥쑥!

[영어] Many hands make light work.

54 벼 이삭은 익을수록 고개를 숙인다

벼 이삭이 길고 곧게 자라다가 익으면서 윗부분이 인사를 하듯 구부러지는 모양을 비유한 말입니다. 진짜로 잘난 사람일수록 겸손하고 남 앞에서 자기를 내세우려 하지 않는다는 뜻입니다.

다음 속담을 바르게 따라 써 보세요.

벼		이	삭	은		익	을	수	록		고
개	를		숙	인	다	.					
벼		이	삭	은		익	을	수	록		고
개	를		숙	인	다	.					

다음 빈칸에 맞춰 따라 써 보세요.

벼 이삭은 익을수록 고개를 숙인다.

속담 실력이 쑥쑥!

[영어] The boughs that bear most hang lowest.

(열매 많은 가지는 밑으로 쳐져 있다.)

55 보기 좋은 떡이 먹기도 좋다

겉모양이 좋으면 내용도 좋다는 말로, 겉모양을 잘 꾸미는 것도 중요하다는 뜻에서 나온 속담입니다.

 다음 속담을 바르게 따라 써 보세요. ✏️

보	기		좋	은		떡	이		먹	기	도	V
좋	다	.										
보	기		좋	은		떡	이		먹	기	도	V
좋	다	.										

 다음 빈칸에 맞춰 따라 써 보세요. 🖊️

보기 좋은 떡이 먹기도 좋다.

속담 실력이 쑥쑥!

[영어] Names and natures do often agree.

56 불난 집에 부채질한다

불이 났을 때 바람이 불면 불길이 번져서 더 큰불이 된답니다. 불이 나면 불을 끄려고 해야 하는데 부채질을 한다는 것은, 화난 사람을 더 화나게 하고 곤란한 일을 겪은 사람을 더 안 좋은 상황에 처하게 만들려고 한다는 뜻입니다.

다음 속담을 바르게 따라 써 보세요.

불	난		집	에		부	채	질	한	다	.
불	난		집	에		부	채	질	한	다	.

다음 빈칸에 맞춰 따라 써 보세요.

불난 집에 부채질한다.

속담 실력이 쏙쏙!

[예문] 엄마가 화났는데 계속 변명만 늘어놓으면 불난 집에 부채질하는 거야.

57 뿌린 대로 거둔다

봄에 씨를 뿌려야 가을에 곡식을 거둘 수 있겠지요. 뿌린 대로 거두고, 공부를 열심히 해야 성적이 잘 나오고, 연습을 많이 한 선수가 경기에서 이길 수 있겠지요.

 다음 속담을 바르게 따라 써 보세요.

뿌	린		대	로		거	둔	다	.		
뿌	린		대	로		거	둔	다	.		

 다음 빈칸에 맞춰 따라 써 보세요.

뿌린 대로 거둔다.

속담 실력이 쑥쑥!

[비슷한 속담] 콩 심은 데 콩 나고 팥 심은 데 팥 난다.

[영어] As one sows, so shall he reap.

58 사공이 많으면 배가 산으로 간다

사공은 배를 모는 사람입니다. 여러 사람이 자기 주장대로 배를 몰려고 하면 결국 배가 물이 아니라 산으로 올라가버린다는 뜻으로, 참견하는 사람이 많으면 일이 제대로 되기 어려울 때 사용하는 속담입니다.

다음 속담을 바르게 따라 써 보세요.

사	공	이		많	으	면		배	가		산
으	로		간	다	.						
사	공	이		많	으	면		배	가		산
으	로		간	다	.						

다음 빈칸에 맞춰 따라 써 보세요.

사공이 많으면 배가 산으로 간다.

속담 실력이 쑥쑥!

[영어] Too many cooks spoil the stew.

59 서당 개 삼 년이면 풍월을 읊는다

서당에서 삼 년 동안 매일 글 읽는 소리를 듣다 보면 개조차도 글을 읽게 된다는 뜻입니다. 어떤 분야에 대하여 지식과 경험이 전혀 없는 사람이라도 그 부문에 오래 있으면 얼마간의 지식과 경험을 갖게 된다는 말입니다.

다음 속담을 바르게 따라 써 보세요.

서	당	개	삼		년	이	면	풍
월	을	읊	는	다	.			
서	당	개	삼		년	이	면	풍
월	을	읊	는	다	.			

 다음 빈칸에 맞춰 따라 써 보세요.

서당 개 삼 년이면 풍월을 읊는다.

 속담 실력이 쑥쑥!

[영어] The sparrow near a school sings the primer.

(학교 근처 참새가 기본서를 노래한다.)

60 세 살 적 버릇이 여든까지 간다

 어릴 때 몸에 밴 버릇은 나이가 여든이 되어도 고치기 어려우니 어릴 때부터 나쁜 버릇이 들지 않도록 조심해야 한다는 뜻입니다.

다음 속담을 바르게 따라 써 보세요. ✏️

세	살	적	버	릇	이	여	든
까	지	간	다	.			
세	살	적	버	릇	이	여	든
까	지	간	다	.			

다음 빈칸에 맞춰 따라 써 보세요.

세 살 적 버릇이 여든까지 간다.

  속담 실력이 쑥쑥!

[비슷한 속담] 어릴 적 버릇은 늙어서까지 간다.

[영어] What is learned in the cradle is carried to the tomb.

61 소 잃고 외양간 고친다

소를 도둑맞고 나서 허물어진 외양간을 고친다는 뜻으로, 일이 잘못된 뒤에 손을 쓰는 것을 두고 비꼴 때 쓰는 속담입니다.

다음 속담을 바르게 따라 써 보세요.

소		잃	고		외	양	간		고	친	다	.
소		잃	고		외	양	간		고	친	다	.

 다음 빈칸에 맞춰 따라 써 보세요.

소 잃고 외양간 고친다.

속담 실력이 쑥쑥!

[영어] Mend the barn after the horse is stolen. (말을 도둑맞고 나서야 마구간을 고친다.)

62 손도 안 대고 코 풀려 한다

 코를 풀려면 두 손을 이용해야 하잖아요. 손을 안 대고 코를 풀려고 한다는 것은 아무런 수고도 들이지 않고 이익을 취하려고 한다는 뜻입니다.

다음 속담을 바르게 따라 써 보세요. ✏️

손	도		안		대	고		코		풀	려	V
한	다	.										
손	도		안		대	고		코		풀	려	V
한	다	.										

 다음 빈칸에 맞춰 따라 써 보세요. 🖋️

손도 안 대고 코 풀려 한다.

 속담 실력이 쑥쑥!

[예문] 손도 안 대고 코 풀려고 하다니 너무 약았구나.

63 수박 겉 핥기

수박은 겉은 딱딱해서 먹지 않고 속의 달고 맛있는 부위를 먹지요. 겉만 핥는다는 것은 사물의 속은 모르고 겉만 건드리는 것을 말합니다.

 다음 속담을 바르게 따라 써 보세요.

수	박		겉		핥	기				
수	박		겉		핥	기				

 다음 빈칸에 맞춰 따라 써 보세요.

수박 겉 핥기

속담 실력이 쑥쑥!

[예문] 수박 겉 핥기로 공부해서는 성적이 오를 리가 없단다.

64 싼 것이 비지떡

 비지는 두부를 만들고 남은 찌꺼기이며, '비지떡'은 보잘것없는 것을 이르는 말입니다.
싼 것이 비지떡이라고 하면 값이 싼 물건은 당연히 그 품질도 나쁘다는 뜻이지요.

 다음 속담을 바르게 따라 써 보세요.

싼	것	이		비	지	떡				
싼	것	이		비	지	떡				

다음 빈칸에 맞춰 따라 써 보세요.

싼 것이 비지떡

 속담 실력이 쑥쑥!

[영어] Cheap and inferior.

속담왕 퀴즈

1. 다음 빈칸에 들어갈 알맞은 말을 쓰세요.

1) 불난 집에 ☐☐☐ 한다.

2) ☐☐이 많으면 ☐ 가 산으로 간다.

3) 벼 이삭은 익을수록 ☐☐ 를 숙인다.

4) ☐☐ 겉 핥기

5) 보기 좋은 ☐ 이 먹기도 좋다.

6) ☐☐☐ 도 맞들면 낫다.

7) ☐ 도 안 대고 ☐ 풀려 한다.

8) ☐☐ 가는 데 ☐ 간다.

2. 다음 글을 읽고 어떤 속담인지 맞춰 보세요.

> 한 게으른 농부의 외양간이 너무 낡아서 비가 조금만 오면 곧 쓰러질 것 같았대요. 동네 어른들이 지나갈 때마다 외양간 좀 고치라고 말했지만 농부는 대답만 하고 고치지 않았습니다. 어느덧 여름이 오고 장마가 닥쳐 외양간은 무너지고 소는 물에 떠내려 갔습니다. 농부는 외양간을 고치지 않은 것을 후회했지만 이미 때는 늦었지요.

불난 집에 부채질한다

👧 **안써니** "선생님, 어떡하죠? 제가 선생님이 스마트폰 두고 가셨길래 갖다 드리려다 복도에서 떨어뜨렸어요."

🧑‍🏫 **백기남 선생님** "써니야, 조금 흠집이 나도 괜찮아."

👧 **안써니** "그런데 선생님, 약간 깨진 것 같은데요."

🧑‍🏫 **백기남 선생님** "그래? 사용하는 덴 문제 없을 거야. 괜찮아."

👧 **안써니** "다행이다. 아, 참! 선생님, 떨어뜨려서 더러워졌길래 물로 씻어 왔어요. 깨끗해졌을 거예요."

🧑‍🏫 **백기남 선생님** "뭐야? 불난 집에 부채질을 해도 유분수지, 떨어뜨린 것도 모자라 아예 망가뜨리면 어떡하니?"

👧 **안써니** "선생님, 제가 잘못한 거예요? 여기 있어요. 죄송해요."

🧑‍🏫 **백기남 선생님** "어? 이건 서보라 선생님이 얼마 전에 새로 산 스마트폰인데. 써니야, 너 정말 대박 사고를 쳤구나."

65 아니 땐 굴뚝에 연기 나랴

어떤 결과에나 반드시 원인이 있다는 뜻입니다. 모든 소문에는 그럴 만한 근거가 있다 거나 의심을 받을 때는 무언가 잘못한 게 있을 거라는 의미로 사용합니다.

 다음 속담을 바르게 따라 써 보세요.

아	니		땐		굴	뚝	에		연	기	
나	랴	.									
아	니		땐		굴	뚝	에		연	기	
나	랴	.									

 다음 빈칸에 맞춰 따라 써 보세요.

아니 땐 굴뚝에 연기 나랴.

 속담 실력이 쑥쑥!

[영어] There is no smoke without fire.

아닌 밤중에 홍두깨

 별안간 엉뚱한 말이나 행동을 함을 이르는 말입니다. 홍두깨는 옛날에 옷이나 옷감을 두드려 매끄럽게 만들 때 사용하던 방망이입니다.

다음 속담을 바르게 따라 써 보세요.

아	닌		밤	중	에		홍	두	깨		
아	닌		밤	중	에		홍	두	깨		

다음 빈칸에 맞춰 따라 써 보세요.

아닌 밤중에 홍두깨

 속담 실력이 쑥쑥!

[예문] 아닌 밤중에 홍두깨도 유분수지 그게 무슨 소리야.

67 앓던 이 빠진 것 같다

밤낮으로 괴롭히던 것이 없어져 시원하다는 뜻으로, 골치 아픈 일이나 걱정거리가 해결될 때도 "앓던 이 빠진 것 같다"고 말합니다.

 다음 속담을 바르게 따라 써 보세요.

앓	던		이		빠	진		것		같	다	.
앓	던		이		빠	진		것		같	다	.

 다음 빈칸에 맞춰 따라 써 보세요.

앓던 이 빠진 것 같다.

속담 실력이 쑥쑥!

[예문] 앓던 이 빠진 것처럼 시원하네.

68 어른 말을 들으면 자다가도 떡이 생긴다

어른이 시키는 대로 하면 실수가 없을 뿐만 아니라, 여러 가지로 이익이 된다는 뜻입니다.
여기서 어른은 단순히 나이가 많다는 의미가 아니라 경험이 많은 사람을 이르는 말입니다.

다음 속담을 바르게 따라 써 보세요.

어	른		말	을		들	으	면		자	다
가	도		떡	이		생	긴	다	.		
어	른		말	을		들	으	면		자	다
가	도		떡	이		생	긴	다	.		

다음 빈칸에 맞춰 따라 써 보세요.

어른 말을 들으면 자다가도 떡이 생긴다.

속담 실력이 쑥쑥!

[예문] 어른 말을 들으면 자다가도 떡이 생긴다는데 엄마 말 좀 들어.

69 어물전 망신은 꼴뚜기가 시킨다

 어물전은 생선이나 미역을 파는 가게이며, 꼴뚜기는 생선 중에서 작고 보잘것없는 것으로 여겨집니다. 못난 사람이 자기가 속해 있는 집단을 망신시킨다는 뜻입니다.

 다음 속담을 바르게 따라 써 보세요.

어	물	전		망	신	은		꼴	뚜	기	가	V
시	킨	다	.									
어	물	전		망	신	은		꼴	뚜	기	가	V
시	킨	다	.									

 다음 빈칸에 맞춰 따라 써 보세요.

어물전 망신은 꼴뚜기가 시킨다.

 속담 실력이 쑥쑥!

[예문] 어물전 망신은 꼴뚜기가 시킨다더니 네가 집안 망신을 시키는구나.

70 열 번 찍어 안 넘어가는 나무 없다

아무리 큰 나무라도 계속 도끼질을 하면 결국 쓰러지고 말 거예요. 여러 번 권하거나 꾀고 달래면 결국에는 마음을 변하게 만들 수 있다는 말입니다.

다음 속담을 바르게 따라 써 보세요. ✏️

열		번		찍	어		안		넘	어	가
는		나	무		없	다	.				
열		번		찍	어		안		넘	어	가
는		나	무		없	다	.				

다음 빈칸에 맞춰 따라 써 보세요.

열 번 찍어 안 넘어가는 나무 없다.

속담 실력이 쑥쑥!

[비슷한 고사성어] **십벌지목(十伐之木)**

[영어] **Little strokes fell great oaks.**

71 열 손가락 깨물어 안 아픈 손가락 없다

이 속담에서 손가락은 자식을 뜻합니다. 자식이 아무리 많아도 부모에게는 다 같이 소중하다는 의미입니다.

 다음 속담을 바르게 따라 써 보세요.

열		손	가	락		깨	물	어		안	
아	픈		손	가	락		없	다	.		
열		손	가	락		깨	물	어		안	
아	픈		손	가	락		없	다	.		

 다음 빈칸에 맞춰 따라 써 보세요.

열 손가락 깨물어 안 아픈 손가락 없다.

 속담 실력이 쑥쑥!

[영어] Every child is dear to his parents.

72 오르지 못할 나무는 쳐다보지도 마라

자기 능력을 벗어난 불가능한 일에는 처음부터 욕심을 내지 않는 게 좋다는 말입니다.

다음 속담을 바르게 따라 써 보세요.

오	르	지		못	할		나	무	는		쳐
다	보	지	도		마	라	.				
오	르	지		못	할		나	무	는		쳐
다	보	지	도		마	라	.				

다음 빈칸에 맞춰 따라 써 보세요.

오르지 못할 나무는 쳐다보지도 마라.

속담 실력이 쑥쑥!

[예문] 오르지 못할 나무는 애당초 쳐다보지도 말랬다구.

73 우물을 파도 한 우물을 파라

어떤 일을 하든 한 가지 일을 꾸준히 해야 성공할 수 있다는 말로, 끈기의 중요성을 강조한 속담입니다.

 다음 속담을 바르게 따라 써 보세요.

우	물	을		파	도		한		우	물	을	V
파	라	.										
우	물	을		파	도		한		우	물	을	V
파	라	.										

 다음 빈칸에 맞춰 따라 써 보세요.

우물을 파도 한 우물을 파라.

 속담 실력이 쑥쑥!

[예문] 우물을 파도 한 우물을 파라고 이것저것 손대지 말고 하나만 해.

74 울며 겨자 먹기

매운 겨자를 울면서 먹는다는 것은 하기 싫은 일을 억지로 하는 경우를 말합니다.
이렇게 어떤 일을 마지 못해 한다면 좋은 결과를 얻기 어렵겠지요.

다음 속담을 바르게 따라 써 보세요.

울	며		겨	자		먹	기				
울	며		겨	자		먹	기				

 다음 빈칸에 맞춰 따라 써 보세요.

울며 겨자 먹기

속담 실력이 쑥쑥!

[예문] 나는 울며 겨자 먹기로 엄마 심부름을 했다.

75 원숭이도 나무에서 떨어진다

아무리 뛰어난 사람이라도 실수할 때가 있다는 뜻입니다. 잘하는 일에 대해서는 자만심에 빠질 수 있으니 주의하라는 의미입니다.

 다음 속담을 바르게 따라 써 보세요.

원	숭	이	도		나	무	에	서		떨	어
진	다	.									
원	숭	이	도		나	무	에	서		떨	어
진	다	.									

 다음 빈칸에 맞춰 따라 써 보세요.

원숭이도 나무에서 떨어진다.

속담 실력이 쑥쑥!

[비슷한 속담] 나무 잘 타는 잔나비 나무에서 떨어진다.

[영어] Even Homer sometimes nods.

76 윗물이 맑아야 아랫물이 맑다

물이 위에서 아래로 흐르니 윗물이 깨끗해야 아랫물이 깨끗하겠지요. 윗사람이 모범을 보이면 아랫사람이 이를 본받는다는 뜻입니다.

다음 속담을 바르게 따라 써 보세요.

윗	물	이		맑	아	야		아	랫	물	이	V
맑	다	.										
윗	물	이		맑	아	야		아	랫	물	이	V
맑	다	.										

다음 빈칸에 맞춰 따라 써 보세요.

윗물이 맑아야 아랫물이 맑다.

속담 실력이 쑥쑥!

[영어] As is the king, so is the people.

77 입술에 침이나 바르지

긴장해서 입술이 바짝 말랐으면서도 너무 아무렇지도 않게 거짓말을 하는 사람을 탓할 때 하는 말입니다.

 다음 속담을 바르게 따라 써 보세요.

입	술	에		침	이	나		바	르	지	.
입	술	에		침	이	나		바	르	지	.

다음 빈칸에 맞춰 따라 써 보세요.

입술에 침이나 바르지.

속담 실력이 쑥쑥!

[예문] 입술에 침이나 바르고 거짓말 해라.

78 자다가 봉창 두드린다

봉창은 창문이랍니다. 자고 있는데 누가 와서 창문을 두드린다는 뜻으로, 갑자기 전혀 관계없는 말을 불쑥 내놓을 때 하는 말입니다.

다음 속담을 바르게 따라 써 보세요.

자	다	가		봉	창		두	드	린	다	.
자	다	가		봉	창		두	드	린	다	.

다음 빈칸에 맞춰 따라 써 보세요.

자다가 봉창 두드린다.

[영어] What in the world are you talking about?

79 자라 보고 놀란 가슴 솥뚜껑 보고 놀란다

자라의 등딱지와 솥뚜껑은 비슷하게 생겼습니다. 어떤 물건을 보고 몹시 놀라면 비슷한 물건만 봐도 겁을 낸다는 뜻입니다.

 다음 속담을 바르게 따라 써 보세요.

자	라		보	고		놀	란		가	슴	
솥	뚜	껑		보	고		놀	란	다	.	
자	라		보	고		놀	란		가	슴	
솥	뚜	껑		보	고		놀	란	다	.	

 다음 빈칸에 맞춰 따라 써 보세요.

자라 보고 놀란 가슴 솥뚜껑 보고 놀란다.

 **속담 실력이 쑥쑥!**

[영어] Once bit, twice shy.

80 작은 고추가 더 맵다

작은 것이라도 때에 따라서는 큰 것보다 더욱 뛰어날 수 있다는 뜻입니다. 사람이나 물건을 겉모양만 보고 판단하면 안 된다는 의미의 속담입니다.

다음 속담을 바르게 따라 써 보세요. ✏️

작	은		고	추	가		더		맵	다	.
작	은		고	추	가		더		맵	다	.

다음 빈칸에 맞춰 따라 써 보세요.

작은 고추가 더 맵다.

속담 실력이 쑥쑥!

[비슷한 속담] 고추는 작아도 맵다.

81 재주는 곰이 넘고 돈은 주인이 받는다

수고하며 직접 일한 사람은 따로 있고, 그 일에 대한 이득은 다른 사람이 받는 경우를 이르는 말입니다.

 다음 속담을 바르게 따라 써 보세요.

재	주	는		곰	이		넘	고		돈	은	V
주	인	이		받	는	다	.					
재	주	는		곰	이		넘	고		돈	은	V
주	인	이		받	는	다	.					

 다음 빈칸에 맞춰 따라 써 보세요.

재주는 곰이 넘고 돈은 주인이 받는다.

속담 실력이 쑥쑥!

[비슷한 속담] 재주는 곰이 넘고 돈은 왕서방이 받는다.

저절로 외워지는 신기한 속담 따라 쓰기

82 제 눈에 안경이다

남들 눈에는 보잘것없는 물건이라도 제 마음에 들면 좋게 보인다는 말입니다.

 다음 속담을 바르게 따라 써 보세요. ✏️

제		눈	에		안	경	이	다	.		
제		눈	에		안	경	이	다	.		

 다음 빈칸에 맞춰 따라 써 보세요. ✒️

제 눈에 안경이다.

속담 실력이 쑥쑥!

[영어] Beauty is in the eye of the beholder.

83 좋은 약은 입에 쓰다

먹기 힘들거나 쓴 약이 몸에 좋다는 뜻입니다. 충고는 듣기 싫고 귀에 거슬리겠지만 이로우니 새겨들으라는 뜻으로도 쓰입니다.

다음 속담을 바르게 따라 써 보세요.

좋	은		약	은		입	에		쓰	다	.
좋	은		약	은		입	에		쓰	다	.

 다음 빈칸에 맞춰 따라 써 보세요.

좋은 약은 입에 쓰다.

84 쥐구멍에도 볕 들 날 있다

좁고 캄캄한 쥐구멍에 볕(햇빛)이 든다는 것은 고생이 끝나고 좋은 때가 온다는 것이겠죠. 지금은 별 볼 일 없는 사람에게도 언젠가는 좋은 때가 온다는 뜻의 속담입니다.

다음 속담을 바르게 따라 써 보세요.

쥐	구	멍	에	도		볕		들		날	
있	다	.									
쥐	구	멍	에	도		볕		들		날	
있	다	.									

다음 빈칸에 맞춰 따라 써 보세요.

쥐구멍에도 볕 들 날 있다.

속담 실력이 쑥쑥!

[영어] Every dog has its day.

85 지렁이도 밟으면 꿈틀한다

아무리 못나고 약한 사람도 심하게 놀리거나 업신여기면 화를 낸다는 뜻입니다. 사람은 잘났든 못났든 다 귀한 존재이니 함부로 해도 되는 사람은 없답니다.

 다음 속담을 바르게 따라 써 보세요.

지	렁	이	도		밟	으	면		꿈	틀	한
다	.										
지	렁	이	도		밟	으	면		꿈	틀	한
다	.										

 다음 빈칸에 맞춰 따라 써 보세요.

지렁이도 밟으면 꿈틀한다.

속담 실력이 쑥쑥!

[비슷한 속담] 굼벵이도 밟으면 꿈틀한다.

86 집에서 새는 바가지 들에 가도 샌다

본바탕이 좋지 않은 사람은 어디를 가나 그 본색을 드러내고야 만다는 뜻으로, 타고난 성격은 잘 변하지 않는다는 의미로 사용합니다.

 다음 속담을 바르게 따라 써 보세요.

집	에	서		새	는		바	가	지		들
에		가	도		샌	다	.				
집	에	서		새	는		바	가	지		들
에		가	도		샌	다	.				

 다음 빈칸에 맞춰 따라 써 보세요.

집에서 새는 바가지 들에 가도 샌다.

 속담 실력이 쑥쑥!

[비슷한 속담] 들에서 죽 쑨 놈은 나가도 죽 쑨다.

속담왕 퀴즈

1. 다음 빈칸에 들어갈 알맞은 말을 쓰세요.

1) 쥐구멍에도 ☐ 들 날 있다.

2) ☐☐을 파도 한 ☐☐ 을 파라.

3) 재주는 ☐ 이 넘고 ☐ 은 주인이 받는다.

4) 오르지 못할 ☐☐ 는 쳐다보지도 마라.

5) 좋은 ☐ 은 입에 쓰다.

6) 윗물이 맑아야 ☐☐☐ 이 맑다.

7) ☐ 에서 새는 바가지 ☐ 에 가도 샌다.

8) 어물전 망신은 ☐☐☐ 가 시킨다.

2. 다음 글을 읽고 어떤 속담인지 맞춰 보세요.

한 청년이 길을 가다 자라를 보고 깜짝 놀랐습니다. 놀란 마음을 추스르고 집에 돌아왔는데 마당에서 자라의 등껍질처럼 크고 둥글고 단단한 물건을 보고 또 놀랐습니다. 알고 보니 단단한 솥뚜껑이었답니다. 어떤 일에 한 번 혼이 나면 그와 비슷한 것만 보아도 공연히 겁이 나게 마련입니다.

원숭이도 나무에서 떨어진다

서보라 선생님 "우리 반에서 가장 글씨를 예쁘게 쓰는 어린이가 누굴까? 추천해 보세요."

안써니 "선생님, 저는 명필이라고 생각합니다."

눈팅이 "맞아요. 명필이가 글씨를 제일 잘 써요."

명필이 "애들아, 고마워. 난 그저 정성들여 글씨를 쓰는 것뿐인데."

서보라 선생님 "명필아, 그런데 어제 받아쓰기 시험지에는 글씨를 엉망으로 썼더라. 왜 그랬니? 원숭이도 나무에서 떨어진다더니 어제는 정성을 덜 들였나보네."

명필이 "선생님. 저, 사실 어제는 배가 아팠어요. 화장실 가고 싶은 걸 참고 썼더니 글씨가 삐뚤빼뚤 배배 꼬였어요.."

서보라 선생님 "아, 그런 일이 있었구나. 평소에 잘하던 사람도 가끔은 실수를 할 때가 있지. 그런데 명필아, 다음부터는 배가 아프면 참지 말고 선생님한테 얘기하렴."

87 찬물도 위아래가 있다

무엇에나 순서가 있으니 그 차례를 따라야 함을 비유적으로 이르는 말입니다.
순서나 예의를 강조할 때 사용합니다.

다음 속담을 바르게 따라 써 보세요.

찬	물	도		위	아	래	가		있	다	.
찬	물	도		위	아	래	가		있	다	.

다음 빈칸에 맞춰 따라 써 보세요.

찬물도 위아래가 있다.

속담 실력이 쑥쑥!

[예문] 찬물도 위아래가 있는데 어른부터 드려야지.

88 천 리 길도 한 걸음부터

아무리 큰일도 그 첫 시작은 작은 일부터 시작된다는 뜻으로, 모든 일은 시작이 중요하다는 의미로 사용합니다.

다음 속담을 바르게 따라 써 보세요.

천	리	길	도	한	걸	음	부
터							
천	리	길	도	한	걸	음	부
터							

다음 빈칸에 맞춰 따라 써 보세요.

천	리	길	도	한	걸	음	부	터

속담 실력이 쑥쑥!

[영어] A journey of a thousand miles begins with one step.

101

89 첫술에 배부르랴

첫술은 음식을 먹을 때 처음으로 드는 숟갈이니 당연히 밥 한 숟갈에 배부를 수 없겠지요. 이 속담은 어떤 일이든 단번에 만족할 수는 없음을 이르는 말입니다.

 다음 속담을 바르게 따라 써 보세요.

첫	술	에		배	부	르	랴	.			
첫	술	에		배	부	르	랴	.			

 다음 빈칸에 맞춰 따라 써 보세요.

첫술에 배부르랴.

 속담 실력이 쑥쑥!

[예문] 첫술에 배부를 리 없잖아, 벌써 실망하면 안 돼.

[영어] You must not expect too much at your first attempt.

90 콩 심은 데 콩 나고 팥 심은 데 팥 난다

모든 일은 원인에 따라서 거기에 걸맞은 결과가 나타난다는 뜻입니다. 자신이 노력한 만큼 성과를 얻는다는 뜻도 있습니다.

다음 속담을 바르게 따라 써 보세요.

콩	심	은	데	콩	나	고
팥	심	은	데	팥	난	다	.
콩	심	은	데	콩	나	고
팥	심	은	데	팥	난	다	.

다음 빈칸에 맞춰 따라 써 보세요.

콩 심은 데 콩 나고 팥 심은 데 팥 난다.

속담 실력이 쑥쑥!

[비슷한 속담] 배나무에 배 열리지 감 안 열린다.

[영어] As one sows, so shall he reap.

91 타고난 재주 사람마다 하나씩은 있다

누구나 한 가지쯤의 재주를 가지고 태어나서 그것으로 먹고살게 된다는 뜻입니다.

 다음 속담을 바르게 따라 써 보세요.

타	고	난		재	주		사	람	마	다	
하	나	씩	은		있	다	.				
타	고	난		재	주		사	람	마	다	
하	나	씩	은		있	다	.				

 다음 빈칸에 맞춰 따라 써 보세요.

타고난 재주 사람마다 하나씩은 있다.

 속담 실력이 쑥쑥!

[예문] 타고난 재주 하나씩은 가지고 태어나니 걱정하지 마.

티끌 모아 태산

 티끌은 먼지, 태산은 큰 산이라는 뜻이에요.
먼지처럼 작은 것이라도 모이고 모이면 나중에 태산처럼 큰 덩어리가 된다는 말입니다.

다음 속담을 바르게 따라 써 보세요.

티	끌	모	아	태	산			
티	끌	모	아	태	산			

다음 빈칸에 맞춰 따라 써 보세요.

티끌 모아 태산

 속담 실력이 쑥쑥!

[영어] Many a mickle makes a muckle.

93 팔은 안으로 굽는다

팔은 안으로 굽지 밖으로 굽지 않는다는 뜻으로, 자기와 가까운 사람에게 정이 쏠리는 것은 당연하다는 말입니다.

다음 속담을 바르게 따라 써 보세요.

팔	은		안	으	로		굽	는	다	.	
팔	은		안	으	로		굽	는	다	.	

다음 빈칸에 맞춰 따라 써 보세요.

팔은 안으로 굽는다.

속담 실력이 쑥쑥!

[비슷한 속담] 가재는 게 편이다.

[영어] The skin is nearer than the shirt. (셔츠보다는 피부가 가깝다.)

94 피는 물보다 진하다

부모, 자식, 형제와 같이 피로 맺어진 관계일수록 마음이 끌리고, 문제가 생겨도 같은 집안 사람 편을 들게 되어 있다는 뜻입니다.

다음 속담을 바르게 따라 써 보세요.

피	는		물	보	다		진	하	다	.	
피	는		물	보	다		진	하	다	.	

다음 빈칸에 맞춰 따라 써 보세요.

피는 물보다 진하다.

속담 실력이 쑥쑥!

[영어] Blood is thicker than water.

95 핑계 없는 무덤은 없다

무슨 일에라도 반드시 핑계가 있다는 뜻입니다. 잘한 일이든 잘못한 일이든 나름의 근거가 있다는 겁니다.

다음 속담을 바르게 따라 써 보세요.

핑	계		없	는		무	덤	은		없	다	.
핑	계		없	는		무	덤	은		없	다	.

다음 빈칸에 맞춰 따라 써 보세요.

핑계 없는 무덤은 없다.

속담 실력이 쑥쑥!

[영어] A pretext is never wanting. (핑계는 전혀 부족하지 않다.)

96 하늘이 무너져도 솟아날 구멍이 있다

아무리 어려운 상황에 놓이더라도 거기에서 벗어나 살아나갈 방도가 있다는 뜻입니다.
너무 빨리 포기하거나 실망하지 말라는 의미로 사용됩니다.

다음 속담을 바르게 따라 써 보세요.

하	늘	이		무	너	져	도		솟	아	날	V
구	멍	이		있	다	.						
하	늘	이		무	너	져	도		솟	아	날	V
구	멍	이		있	다	.						

다음 빈칸에 맞춰 따라 써 보세요.

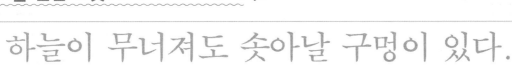

하늘이 무너져도 솟아날 구멍이 있다.

속담 실력이 쏙쏙!

[예문] 정신을 똑바로 차리면 하늘이 무너져도 솟아날 구멍이 있다 합니다.

[영어] Where there is life there is hope.

97 하룻강아지 범 무서운 줄 모른다

하룻강아지는 어린 강아지로 흔히 사회적 경험이 적은 초보자를 얕잡아볼 때 쓰는 말입니다. 철없이 함부로 덤비는 것을 비유적으로 이르는 속담입니다.

 다음 속담을 바르게 따라 써 보세요.

하	룻	강	아	지		범		무	서	운
줄		모	른	다	.					
하	룻	강	아	지		범		무	서	운
줄		모	른	다	.					

다음 빈칸에 맞춰 따라 써 보세요.

하룻강아지 범 무서운 줄 모른다.

속담 실력이 쑥쑥!

[영어] Fools rush in where angels fear to tread.

98 호랑이도 제 말 하면 온다

깊은 산 속에 있던 호랑이도 자기 말을 하면 나타난다는 뜻으로, 그 자리에 없는 사람을 함부로 흉을 보아서는 안 된다는 말입니다.

다음 속담을 바르게 따라 써 보세요.

호	랑	이	도		제		말		하	면	
온	다	.									
호	랑	이	도		제		말		하	면	
온	다	.									

다음 빈칸에 맞춰 따라 써 보세요.

호랑이도 제 말 하면 온다.

속담 실력이 쑥쑥!

[영어] Talk of an angel and he will appear.

(천사에 대해 말하면, 천사가 나타난다.)

99 호박이 넝쿨째로 굴러 들어온다

호박은 한 넝쿨(줄기)에 여러 개가 매달려 있습니다. 호박이 넝쿨째로 굴러 들어온다는 것은 뜻밖의 행운을 얻거나 좋은 일이 생김을 이르는 말입니다.

 다음 속담을 바르게 따라 써 보세요. ✏️

호	박	이		넝	쿨	째	로		굴	러	
들	어	온	다	.							
호	박	이		넝	쿨	째	로		굴	러	
들	어	온	다	.							

 다음 빈칸에 맞춰 따라 써 보세요. 🖊️

호박이 넝쿨째로 굴러 들어온다.

100 혹 떼러 갔다가 혹 붙여 온다

혹부리 영감이 도깨비를 만나 혹을 떼려 했다가 오히려 혹 하나를 더 붙여 왔다는 동화 들어봤나요? 이 속담은 좋은 일을 기대하고 갔다가 도리어 불리한 일을 당하고 돌아오는 경우에 쓰입니다.

 다음 속담을 바르게 따라 써 보세요.

혹		떼	러		갔	다	가		혹		붙
여		온	다	.							
혹		떼	러		갔	다	가		혹		붙
여		온	다	.							

다음 빈칸에 맞춰 따라 써 보세요.

혹 떼러 갔다가 혹 붙여 온다.

 속담 실력이 쑥쑥!

[예문] 혹 떼러 갔다가 혹 붙여 온다더니 세뱃돈 받으러 갔다가 눈길에 미끄러졌네.

속담왕 퀴즈

1. 다음 빈칸에 들어갈 알맞은 말을 쓰세요.

1) ☐☐ 없는 무덤은 없다.

2) ☐ 떼러 갔다가 ☐ 붙여 온다.

3) 타고난 ☐☐ 사람마다 하나씩은 있다.

4) ☐☐에 배부르랴.

5) 호박이 ☐☐☐ 굴러 들어온다.

6) ☐☐☐도 제 말 하면 온다.

7) ☐는 ☐보다 진하다.

8) ☐☐도 위아래가 있다.

2. 다음 글을 읽고 어떤 속담인지 맞춰 보세요.

명필이는 이제 막 태권도장에 다니기 시작한 흰띠입니다. 처음 배운 것임에도 자신감이 생긴 명필이는 친구들을 만날 때마다 결투를 신청하더니 급기야 검은띠인 옆집 형에게 결투를 신청했습니다. 명필이의 태권도 실력은 이제 막 태어난 하룻강아지 수준인데 무서운 줄 모르고 검은띠 호랑이에게 덤비면 곤란하겠지요.

- -

정답

2. 하룻강아지 범 무서운 줄 모른다.

1. 1) 핑계 2) 혹, 혹 3) 재주 4) 감옥 5) 넝쿨째 6) 호랑이 7) 피, 물 8) 찬물

티끌 모아 태산

🙂 **백기남 선생님** "우리 학교도 태풍 재난민을 돕기 위해 성금을 모금하기로 했어요. 여러분도 모두 참여하도록 하세요."

😄 **눈팅이** "선생님, 저는 지난달에 생일 선물을 사느라 용돈 모은 걸 다 써서 돈이 얼마 없는데요."

😊 **안써니** "저도 동전 몇 개밖에 없는데 이렇게 조금 내면 소용 없지 않아요?"

🙂 **백기남 선생님** "그렇지 않아요. 티끌 모아 태산이라는 말처럼 아무리 적은 돈이라도 여러 사람이 힘을 합치면 결국 큰 도움이 될 거예요."

😆 **명필이** "선생님, 그런데 태산은 정말 티끌이 모여서 된 거예요?"

🙂 **백기남 선생님** "그럼요. 티끌이 모여 태산이 되고, 물방울이 모여 바다가 되는 거예요. 태산은 아주 큰 산이니 오랜 시간 동안 티끌 그러니까 흙이 엄청나게 많이 모여서 이뤄진 거겠지요."

😄 **모두들** "아하! 그렇구나."

퍼플카우콘텐츠팀 | 재미있고 유익한 어린이 책을 기획하고 만드는 사람들입니다. 기획자, 전문작가, 편집자 등으로 구성되어 '보랏빛소 워크북 시리즈'를 비롯한 아동 교양 실용서를 만들고 있습니다.

이우일 | 어린 시절, 구석진 다락방에서 삼촌과 고모의 외국 잡지를 탐독하며 조용히 만화가의 꿈을 키워 오다 홍익대학교 시각디자인학과에 들어가 그 꿈을 맘껏 펼치기 시작합니다. 신선한 아이디어로 '도날드 닭', '노빈손' 등 재미있는 그림을 그려 사람들을 즐겁게 해주고 있습니다. 지은 책으로는《우일우화》,《옥수수빵파랑》,《좋은 여행》,《고양이 카프카의 고백》등이 있습니다. 그림책 작가인 아내 선현경, 딸 은서, 고양이 카프카, 비비와 함께 그림을 그리고 글을 쓰며 살고 있습니다.

보랏빛소 워크북 시리즈

저절로 외워지는
신기한 속담 따라 쓰기

초판 1쇄 발행 | 2021년 02월 15일

지은이 | 퍼플카우콘텐츠팀
그린이 | 이우일

펴낸곳 | 보랏빛소
펴낸이 | 김철원

기획·편집 | 김이슬
마케팅·홍보 | 이태훈
디자인 | 박영정

출판신고 | 2014년 11월 26일 제2015-000327호
주소 | 서울시 마포구 포은로 81-1 에스빌딩 201호
대표전화·팩시밀리 | 070-8668-8802 (F)02-338-8803
이메일 | boracow8800@gmail.com

ISBN 979-11-90867-17-7 (64700)